la escuela - escola 2
el viaje - viagem 5
el transporte - transporte 8
la ciudad - cidade 10
el paisaje - paisagem 14
el restaurante - restaurante 17
el supermercado - supermercado 20
las bebidas - bebidas 22
la comida - comida 23
la granja - quinta 27
la casa - casa 31
la sala - sala de estar 33
la cocina - cozinha 35
el cuarto de baño - casa de banho 38
la habitación de los niños - quarto de criança 42
la ropa - vestuário 44
la oficina - escritório 49
la economía - agricultura 51
los oficios - profissões 53
las herramientas - ferramentas 56
los instrumentos musicales - instrumentos musicais 57
el zoo - jardim zoológico 59
los deportes - desporto 62
las actividades - atividades 63
la familia - família 67
el cuerpo - corpo 68
el hospital - hospital 72
la urgencia - emergência 76
la tierra - terra 77
hora(s) - relógio 79
la semana - semana 80
el año - ano 81
las formas - formas 83
colores - cores 84
los opuestos - opostos 85
los números - números 88
los idiomas - idiomas 90
quién / qué / cómo - quem / o quê / como 91
dónde - onde 92

Impressum
Verlag: BABADADA GmbH, Nedderfeld 112 , 22529 Hamburg
Geschäftsführer / Verlagsleitung: Harald Hof
Druck: Books on Demand GmbH, In de Tarpen 42, 22848 Norderstedt

Imprint
Publisher: BABADADA GmbH, Nedderfeld 112 , 22529 Hamburg, Germany
Managing Director / Publishing direction: Harald Hof
Print: Books on Demand GmbH, In de Tarpen 42, 22848 Norderstedt, Germany

la escuela
escola

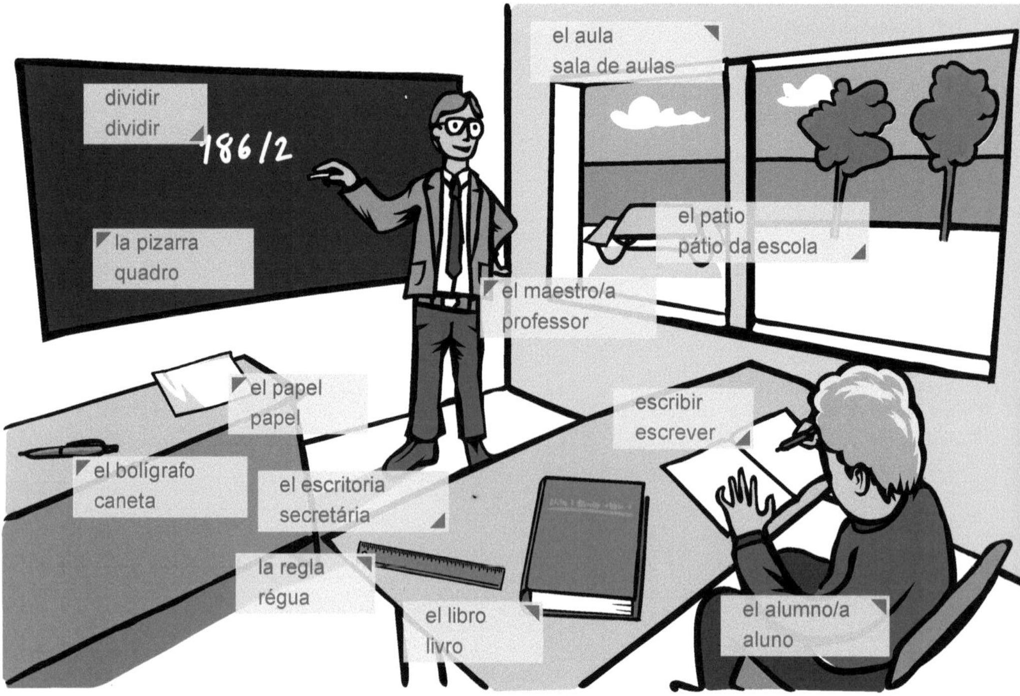
el aula
sala de aulas
dividir
dividir
186/2
la pizarra
quadro
el patio
pátio da escola
el maestro/a
professor
el papel
papel
escribir
escrever
el bolígrafo
caneta
el escritoria
secretária
la regla
régua
el libro
livro
el alumno/a
aluno

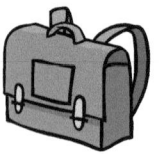

la cartera
mochila

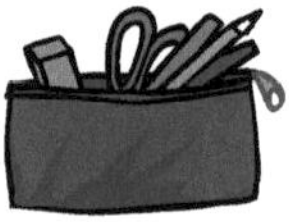

la caja de lápices
estojo de lápis

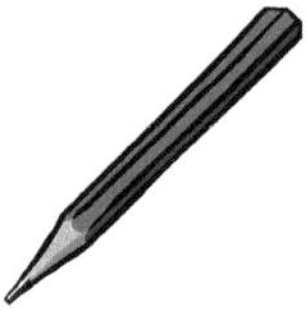

el lápiz
lápis

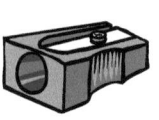

el sacapuntas
afia-lápis

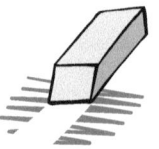

la goma de borrar
borracha

el cuaderno de dibujo
bloco de desenho

el dibujo

desenho

el pincel

pincel

la caja de pinturas

caixa de tintas

las tijeras

tesoura

el pegamento

cola

el cuaderno de ejercicios

livro de exercícios

los deberes

trabalhos de casa

el número

número

sumar

somar

restar

subtrair

multiplicar

multiplicar

calcular

calcular

la letra

letra

el alfabeto

alfabeto

la palabra

palavra

el texto

texto

leer

ler

la tiza

giz

la lección

hora

el cuaderno de notas

registo de presenças

el examen

exame

el certificado

certificado

el uniforme

uniforme escolar

la educación

educação

la enciclopedia

enciclopédia

la universidad

universidade

el microscopio

microscópio

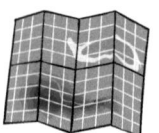

el mapa

mapa

la papelera

cesto de lixo

el viaje
viagem

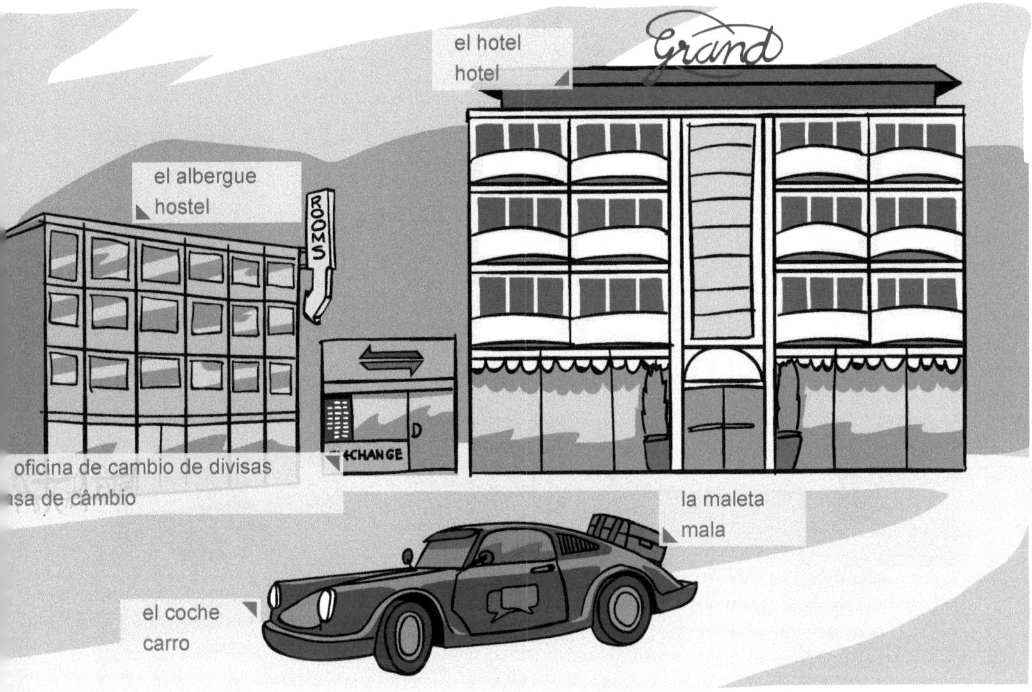
Grand
el hotel
hotel
el albergue
hostel
ROOMS
CHANGE
oficina de cambio de divisas
sa de câmbio
la maleta
mala
el coche
carro

el idioma

idioma

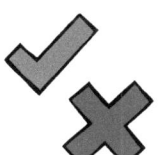

sí / no

sim / não

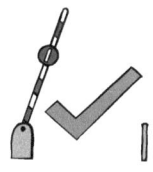

Vale

ok / certo / correto

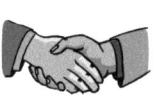

hola

olá

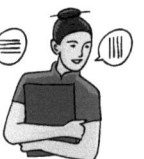

el traductor

intérprete

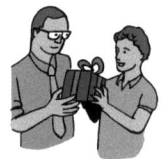

Gracias

obrigado

¿cuánto es…?

quanto é que custa… ?

No entiendo

não entendo

el problema

problema

¡Buenas tardes!

boa noite!

¡Buenos días!

Bom dia!

¡Buenas noches!

Boa noite!

adiós

adeus

la dirección

direção

el equipaje

bagagem

la bolsa

saco

la mochila

mochila

el invitado

convidado

la habitación

quarto

el saco de dormir

saco-cama

la tienda de campaña

tenda

la información turística

informação turística

la playa

praia

la tarjeta de crédito

cartão de crédito

el desayuno

pequeno-almoço

el almuerzo

almoço

la cena

jantar

el billete

bilhete

el ascensor

elevador

el sello

selo postal

la frontera

fronteira

la aduana

alfândega

la embajada

embaixada

la visa

visto

el pasaporte

passaporte

el transporte

transporte

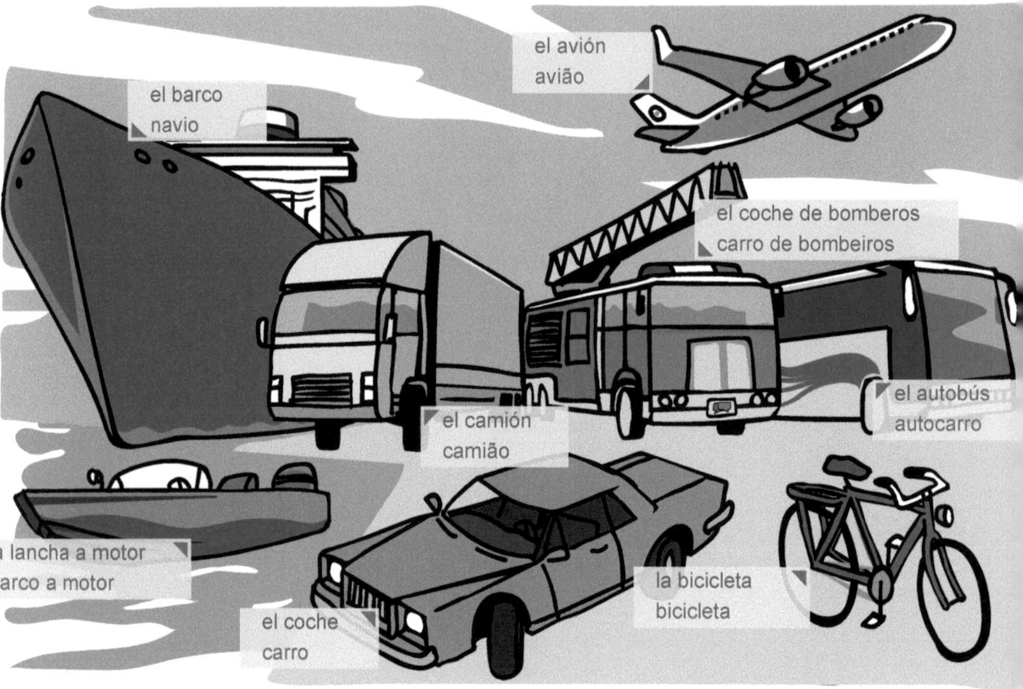
el avión
avião
el barco
navio
el coche de bomberos
carro de bombeiros
el autobús
autocarro
el camión
camião
la lancha a motor
barco a motor
la bicicleta
bicicleta
el coche
carro

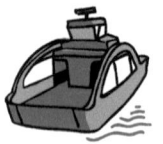

el transbordador

cacilheiro

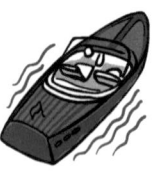

la barca

barco

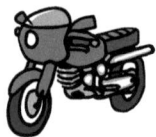

la moto

mota

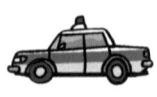

el coche de policía

carro de polícia

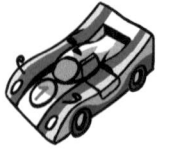

el coche de carreras

carro de corrida

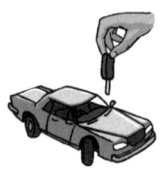

el coche de alquiler

carro alugado

el préstamo de vehículos

carsharing

la grúa

camião de reboque

el camión de la basura

camião do lixo

el motor

motor

la gasolina

combustível

la gasolinera

estação de serviço

la señal de tráfico

sinal de trânsito

el tráfico

trânsito

el atasco

congestionamento de trânsito

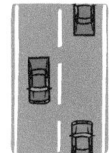

el aparcamiento

parque de estacionamento

la estación de tren

estação ferroviária

las vías

carris

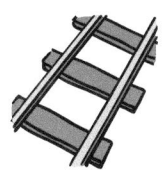

el tren

comboio

el tranvía

elétrico

el vagón

carruagem

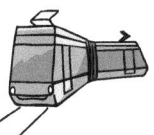

el helicóptero

helicóptero

el aeropuerto

aeroporto

la torre

torre

el pasajero

passageiro

el contenedor

contentor

la caja de cartón

caixa de papelão

la carretilla

carrinho

la cesta

cesto

despegar / aterrizar

levantar voo / aterrar

la ciudad

cidade

el pueblo

aldeia

el centro de la ciudad

centro da cidade

la casa

casa

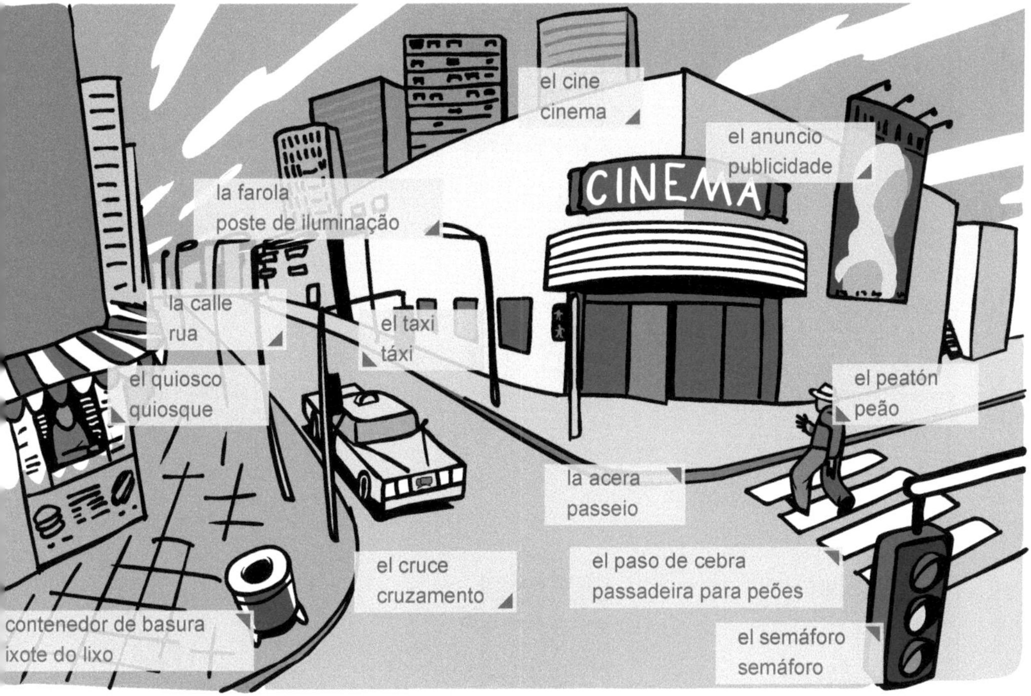

el cine / cinema

el anuncio / publicidade

la farola / poste de iluminação

CINEMA

la calle / rua

el taxi / táxi

el quiosco / quiosque

el peatón / peão

la acera / passeio

el cruce / cruzamento

el paso de cebra / passadeira para peões

contenedor de basura / ixote do lixo

el semáforo / semáforo

la cabaña
cabana

el apartamento
apartamento

la estación de tren
estação ferroviária

el ayuntamiento
câmara municipal

el museo
museu

la escuela
escola

la universidad

universidade

el banco

banco

el hospital

hospital

el hotel

hotel

la farmacia

farmácia

la oficina

escritório

la librería

livraria

la tienda de campaña

loja

la floristería

florista

el supermercado

supermercado

el mercado

mercado

los grandes almacenes

loja de departamentos

la pescadería

peixaria

el centro comercial

centro comercial

el puerto

porto

el parque

parque

el banco

banco

el puente

ponte

las escaleras

escadas

el metro

metro

el túnel

túnel

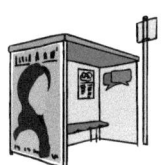

la parada de autobús

paragem de autocarro

el bar

bar

el restaurante

restaurante

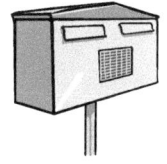

el buzón

caixa de correio

el poste indicador

sinal de trânsito

el parquímetro

parquímetro

el zoo

jardim zoológico

la piscina

piscina

la mezquita

mesquita

la granja
quinta

la contaminación
poluição

el cementerio
cemitério

la iglesia
igreja

el patio de juego
parque infantil

el templo
templo

el paisaje
paisagem

la hoja
folha

la señal
placa de sinalização

el camino
caminho

el prado
prado

la piedra
pedra

el excursionista
caminhantes

el árbol
árvore

el río
rio

la hierba
relva

la flor
flor

el valle
vale

la colina
montanha

el lago
lago

el bosque
floresta

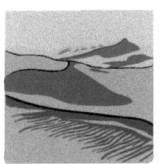

el desierto
deserto

el volcán
vulcão

el castillo
castelo

el arcoíris
arco-íris

el champiñón
cogumelo

la palmera
palma

el mosquito
mosquito

la mosca
mosca

la hormiga
formiga

la abeja
abelha

la araña
aranha

el escarabajo

besouro

la rana

sapo

la ardilla

esquilo

el erizo

ouriço

la liebre

lebre

la lechuza

coruja

el pájaro

pássaro

el cisne

cisne

el jabalí

javali

el ciervo

veado

el alce

alce

la presa

barragem

la turbina eólica

turbina eólica

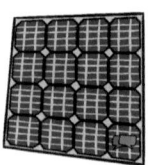

el panel solar

painel solar

el clima

clima

el restaurante
restaurante

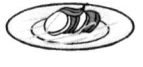

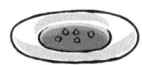

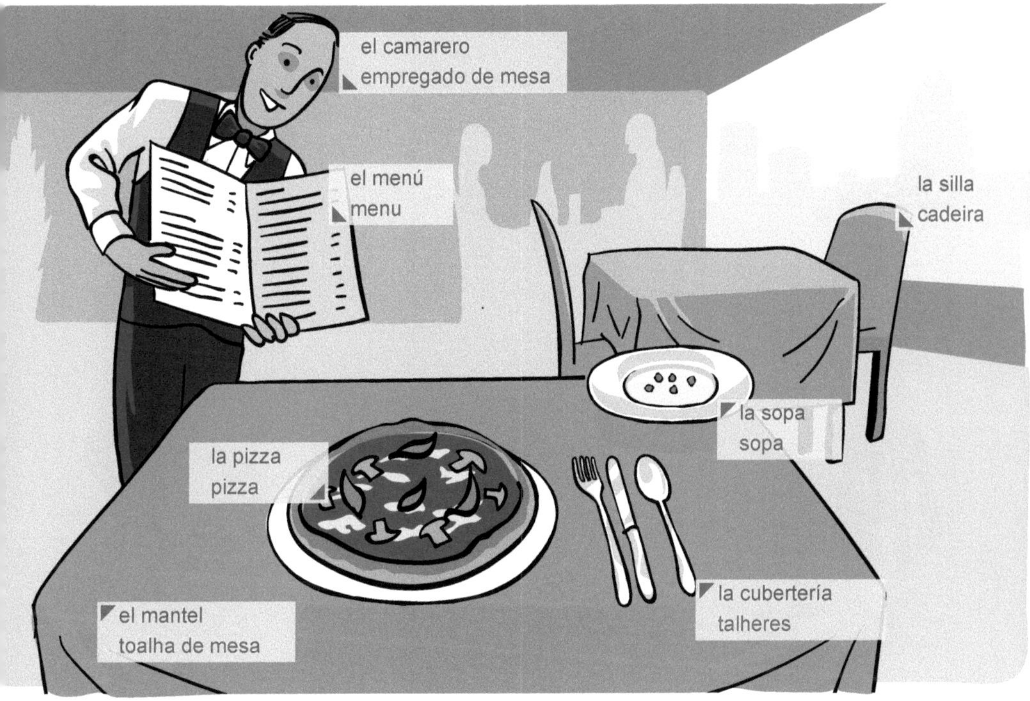
el camarero
empregado de mesa
el menú
menu
la silla
cadeira
la sopa
sopa
la pizza
pizza
el mantel
toalha de mesa
la cubertería
talheres

el primer plato

entrada

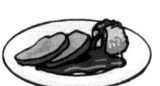

el plato principal

prato principal

el postre

sobremesa

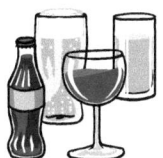

las bebidas

bebidas

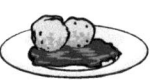

la comida

comida

la botella

garrafa

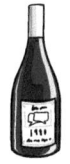

la comida rápida

fast food

la comida callejera

comida de rua

la tetera

bule de chá

el azucarero

açucareiro

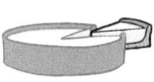

la porción

porção

la cafetera expreso

máquina de café expresso

la trona

cadeira alta

la cuenta

conta

la bandeja

bandeja

el cuchillo

faca

el tenedor

garfo

la cuchara

colher

la cucharilla

colher de chá

la servilleta

guardanapo

el vaso

copo

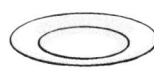

el plato

prato

el plato hondo

prato de sopa

el platillo

pires

la salsa

molho

el salero

saleiro

el molinillo de pimienta

moinho de pimenta

el vinagre

vinagre

el aceite

óleo

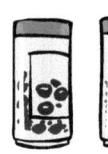

las especias

especiarias

el ketchup

ketchup

la mostaza

mostarda

la mayonesa

maionese

el restaurante - restaurante

el supermercado
supermercado

la oferta especial
oferta especial
el cliente
cliente
los lácteos
laticínios
el carro de compra
carrinho de compras
la fruta
fruta
FOR

BUTCHERS

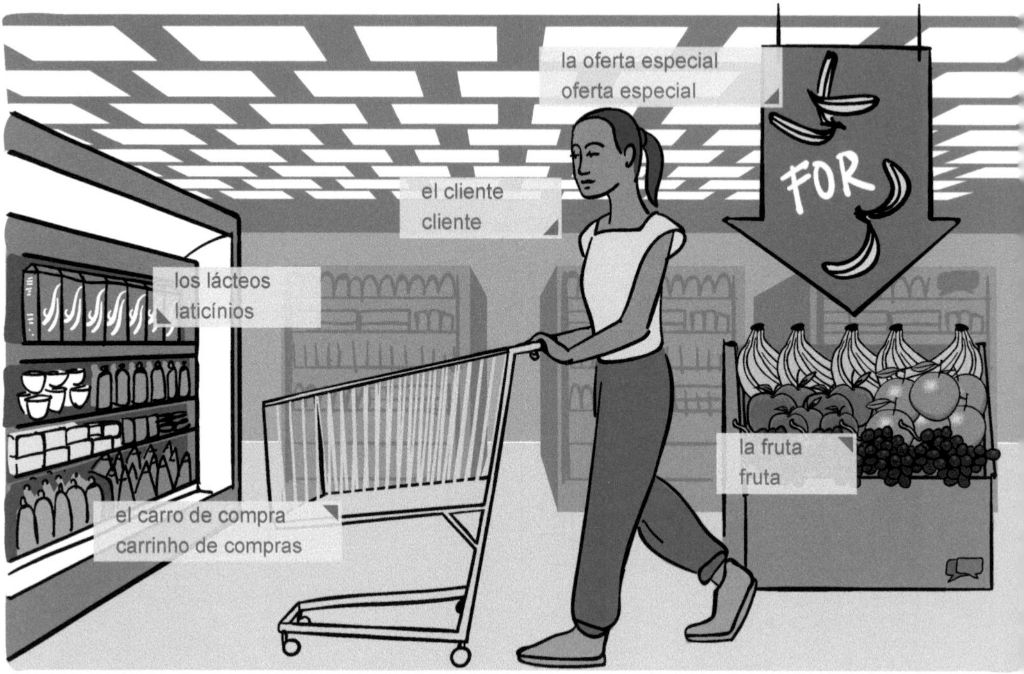

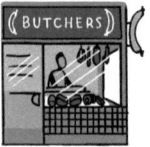

la carniceria

talho

BAKERY

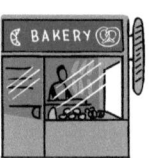

la panadería

padaria

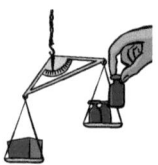

pesar

pesar

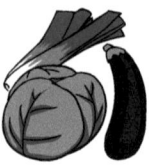

las verduras

vegetais

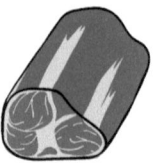

la carne

carne

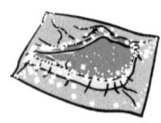

los alimentos congelados

alimentos congelados

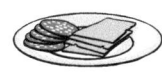

los fiambres

charcutaria

las conservas

comida enlatada

el detergente en polvo

detergente em pó

los dulces

doces

productos de uso doméstico

artigos domésticos

productos de limpieza

produtos de limpeza

la vendedora

vendedora

la caja de cartón

caixa

el cajero

caixa

la lista de la compra

lista de compras

el horario de atención al público

horário de funcionamento

la cartera

carteira

la tarjeta de crédito

cartão de crédito

la bolsa de plástico

saco

la bolsa de plástico

saco de plástico

bebidas

el agua

água

el zumo

sumo

la leche

leite

la cola

coca-cola

el vino

vinho

la cerveza

cerveja

el alcohol

álcool

el cacao

cacau

el té

chá

el café

café

el expreso

café expresso

el capuchino

capuccino

el plátano

banana

la manzana

maçã

la naranja

laranja

el melón

melão

el limón

limão

la zanahoria

cenoura

el ajo

alho

el bambú

bambu

la cebolla

cebola

el champiñón

cogumelo

las avellanas

nozes

los fideos

talharim

las espagueti

esparguete

el arroz

arroz

la ensalada

salada

las patatas fritas

batatas fritas

las patatas fritas

batatas fritas

la pizza

pizza

la hamburguesa

hambúrguer

el sándwich

sanduíche

el filete

bife panado

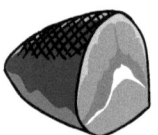
el jamón

fiambre

le salami

salame

la salchicha

salsicha

el pollo

galinha

el asado

assado

el pescado

peixe

los copos de avena

flocos de aveia

el muesli

muesli

los copos de maíz

flocos de milho

la harina

farinha

el cruasán

croissant

el panecillo

carcaça (pãozinho)

el pan

pão

la tostada

torrada

las galletas

biscoitos

la mantequilla

manteiga

la cuajada

requeijão

el pastel

bolo

el huevo

ovo

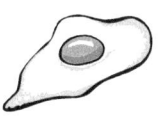

el huevo frito

ovo estrelado

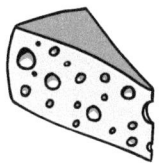

el queso

queijo

el helado

gelado

el azúcar

açúcar

la miel

mel

la mermelada

compota

la crema de turrón

creme de nougat

el curry

caril

la granja
quinta

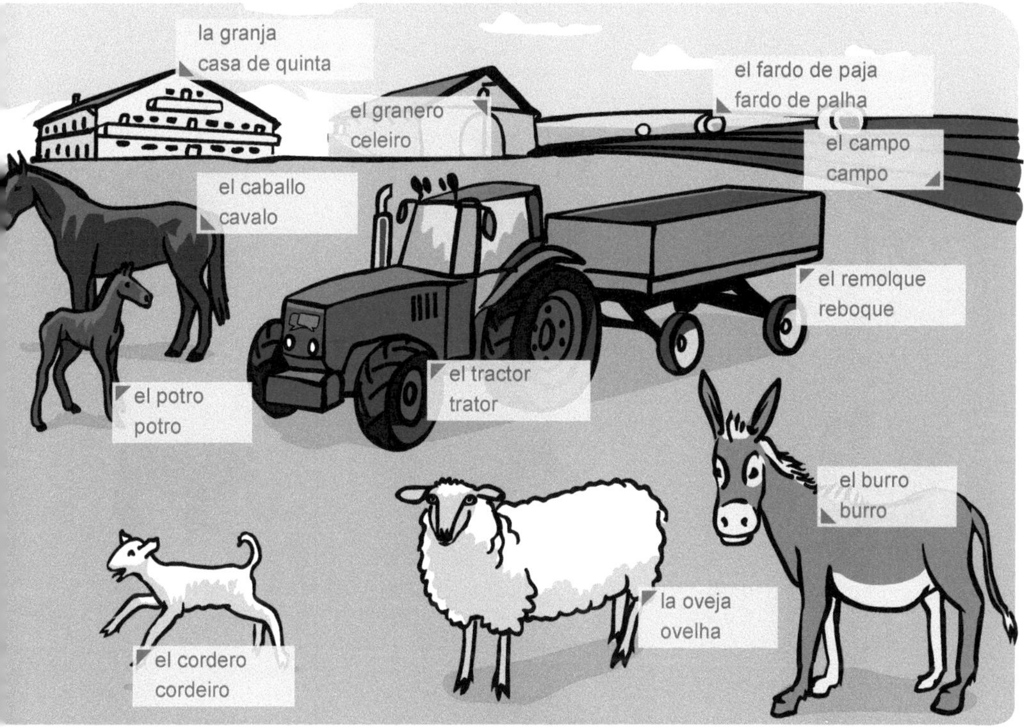

la granja
casa de quinta
el granero
celeiro
el fardo de paja
fardo de palha
el campo
campo
el caballo
cavalo
el remolque
reboque
el tractor
trator
el potro
potro
el burro
burro
la oveja
ovelha
el cordero
cordeiro

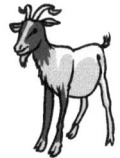

la cabra

cabra

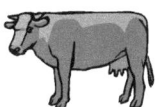

la vaca

vaca

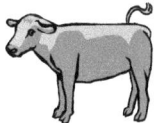

el ternero

bezerro

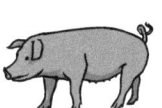

el cerdo

porco

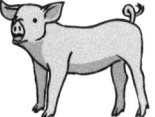

el cerdito

leitão

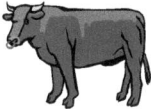

el toro

touro

el ganso
ganso

el pato
pato

el pollo
pintaínho

la gallina
galinha

el gallo
galo

la rata
ratazana

el gato
gato

el ratón
rato

el buey
boi

el perro
cão

la perrera
casota

la manguera
mangueira de jardim

la regadera
regador

la guadaña
foice

el arado
arado

la hoz
foice

la azada
enxada

la horca
forquilha

el hacha
machado

la carretilla
carrinho de mão

el abrevadero
manjedoura

la lechera
jarro de leite

el saco
saco

la valla
cerca

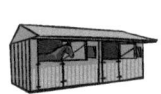

el establo
estábulo

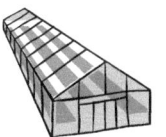

el invernadero
estufa

el suelo
solo

la semilla
semente

el fertilizador
fertilizante

la cosechadora
ceifeira-debulhadora

cosechar

colher

la cosecha

colheita

el ñame

inhame

el trigo

trigo

el soja

soja

la patata

batata

el maíz

milho

la semilla de colza

colza

el árbol frutal

árvore de fruto

la mandioca

mandioca

las cereales

cereais

la casa
casa

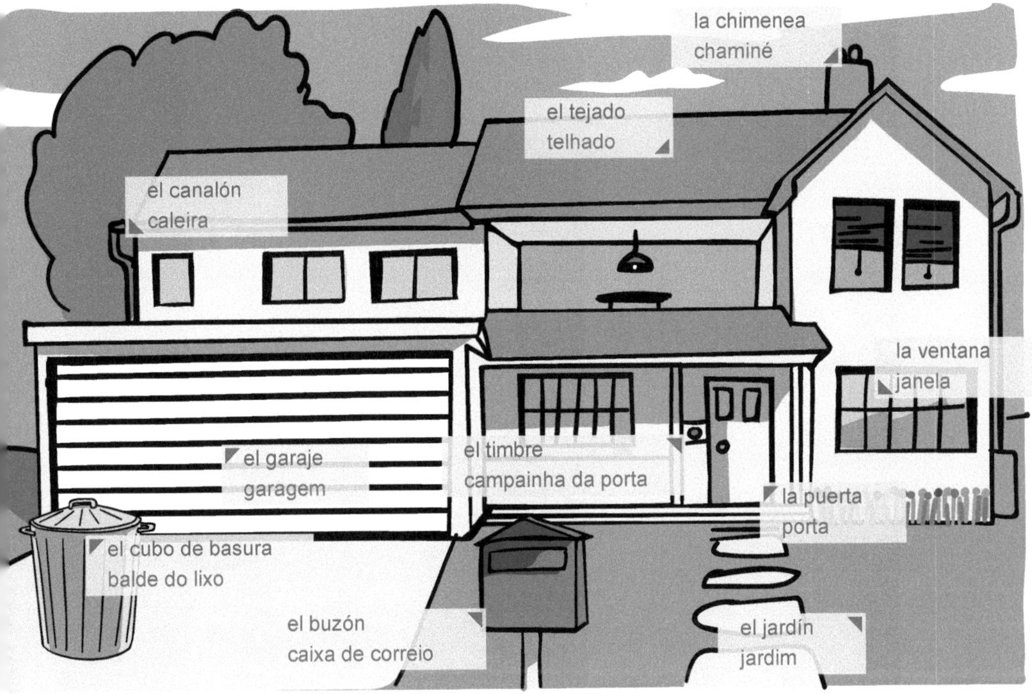

la chimenea
chaminé
el tejado
telhado
el canalón
caleira
la ventana
janela
el garaje
garagem
el timbre
campainha da porta
la puerta
porta
el cubo de basura
balde do lixo
el buzón
caixa de correio
el jardín
jardim

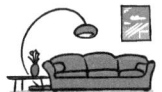

la sala
sala de estar

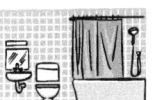

el cuarto de baño
casa de banho

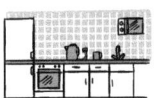

la cocina
cozinha

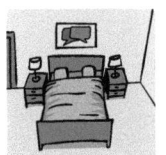

el dormitorio
quarto de dormir

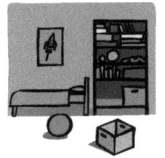

la habitación de los niños
quarto de criança

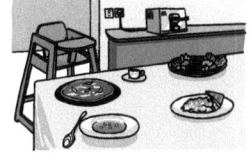

el comedor
sala de jantar

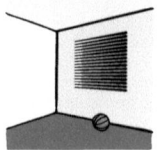

el suelo

chão

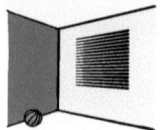

la pared

parede

el techo

teto

el sótano

cave

la sauna

sauna

el balcón

varanda

la terraza

terraço

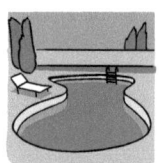

la piscina

piscina

el cortacésped

máquina de cortar relvado

la sábana

lençol

la colcha

cobertor

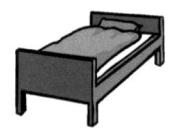

la cama

cama

la escoba

vassoura

el balde

balde

el interruptor

interruptor

la sala
sala de estar

el papel pintado
papel de parede
la imagen
imagem
la lámpara
lâmpada
el estante
prateleira
el armario
armário
la televisión
televisão
la chimenea
lareira
la flor
flor
el cojín
almofada
el sofá
sofá
el jarrón
vaso
el mando a distancia
controlo remoto

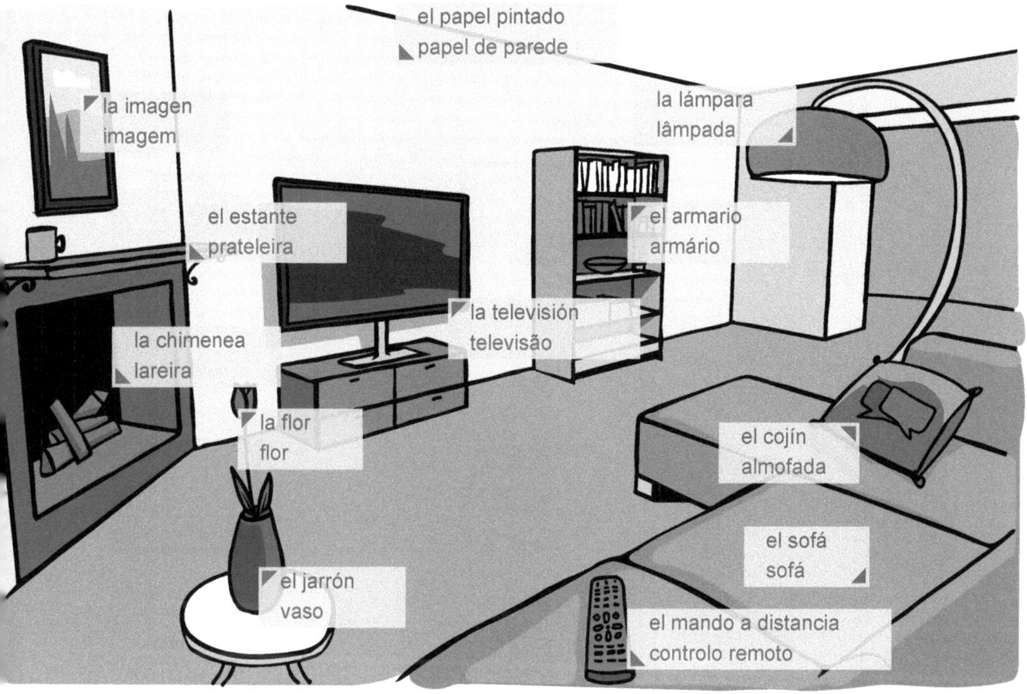

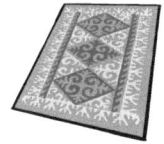

la alfombra

tapete

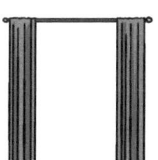

la cortina

cortina

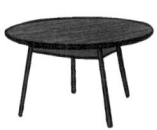

la mesa

mesa

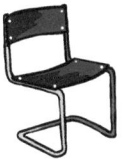

la silla

cadeira

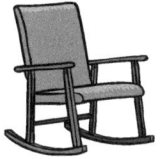

el mecedora

cadeira de baloiço

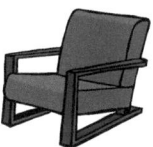

la butaca

poltrona

el libro

livro

la manta

cobertor

la decoración

decoração

la leña

lenha

la película

filme

el equipo de música

sistema estéreo

la llave

chave

el periódico

jornal

la pintura

pintura

el póster

póster

la radio

rádio

el cuaderno

bloco de notas

la aspiradora

aspirador

el cactus

cato

la vela

vela

la cocina
cozinha

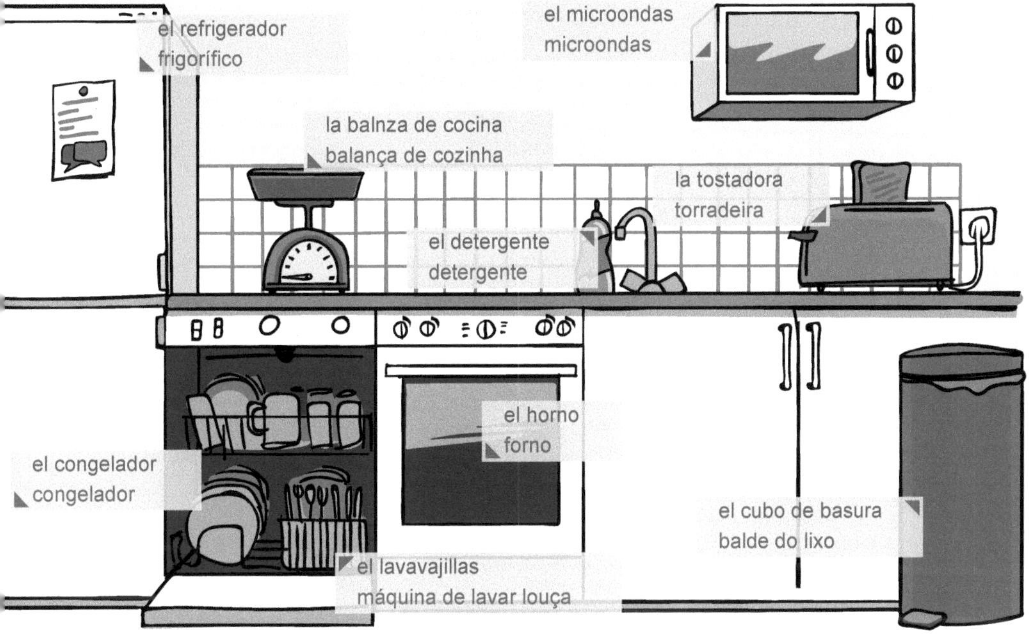
el refrigerador
frigorífico
el microondas
microondas
la balnza de cocina
balança de cozinha
la tostadora
torradeira
el detergente
detergente
el horno
forno
el congelador
congelador
el cubo de basura
balde do lixo
el lavavajillas
máquina de lavar louça

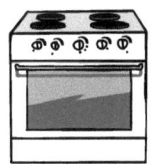

la olla a presión

fogão

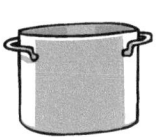

la olla

panela

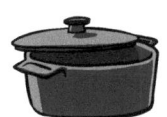

la olla de hierro fundido

panela de ferro

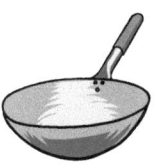

el wok

wok / kadai

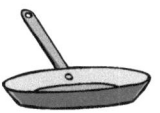

la cazuela

frigideira

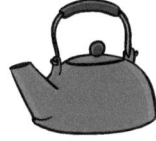

el hervidor

chaleira

la vaporera

panela a vapor

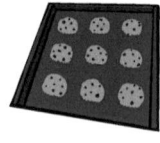

la chapa de horno

tabuleiro de forno

la vajilla

louça

la taza

caneca

el tazón

tigela

los palillos

pauzinhos

el cucharón

concha de sopa

la espumadera

espátula

el batidor

batedor de claras

el colador

escorredor

el cedazo

peneira

el rallador

ralador

el mortero

almofariz

la barbacoa

churrasqueira

la hoguera

lareira

la tabla de picar

tábua de cortar

el rodillo

rolo da massa

el sacacorchos

saca-rolhas

la lata

lata

el abrelatas

abridor de latas

el agarrador

luvas de forno

el lavabo

lava-loiça

el cepillo

escova

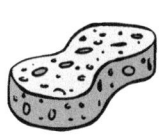

la esponja

esponja

la batidora

liquidificador

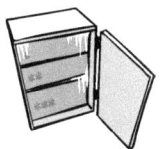

el congelador

arca frigorífica

el biberón

biberão

el grifo

torneira

el cuarto de baño
casa de banho

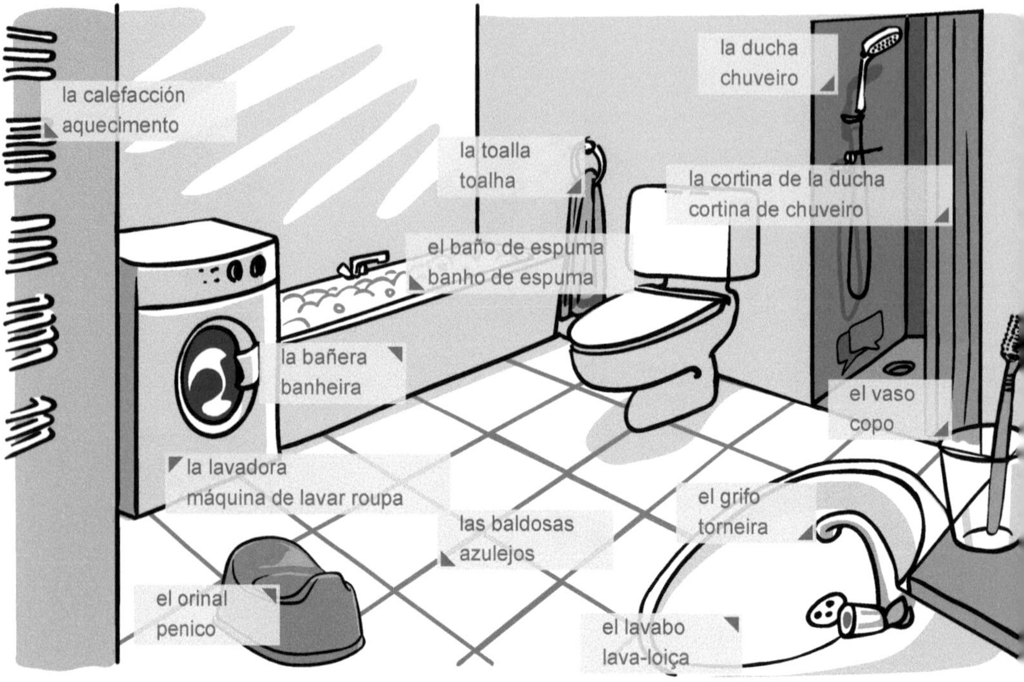
la calefacción
aquecimento
la toalla
toalha
la ducha
chuveiro
la cortina de la ducha
cortina de chuveiro
el baño de espuma
banho de espuma
la bañera
banheira
el vaso
copo
la lavadora
máquina de lavar roupa
el grifo
torneira
las baldosas
azulejos
el orinal
penico
el lavabo
lava-loiça

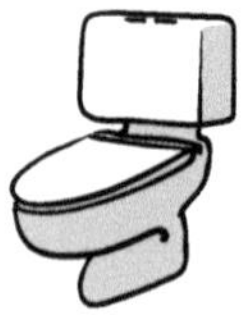

el inodoro

sanita

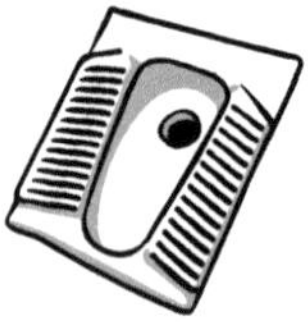

el inodoro rústico

retrete turca

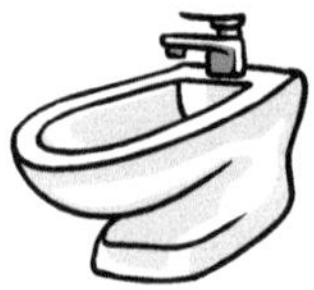

el bidé

bidé

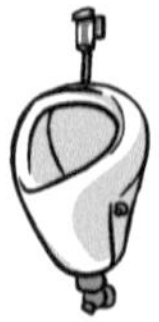

el urinario

urinol

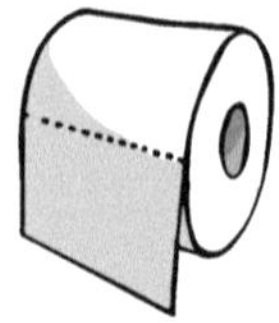

el papel higiénico

papel higiénico

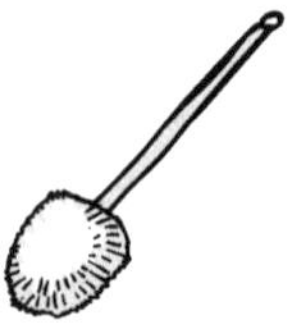

la escobilla del váter

piaçaba

el cepillo de dientes

escova de dentes

la pasta de dientes

pasta de dentes

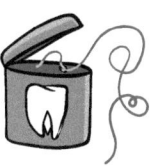

el hilo dental

fio dentário

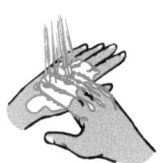

lavar

lavar

la ducha de mano

chuveiro de mão

la ducha íntima

duche íntimo

la pila

bacia

el cepillo de espalda

escova para as costas

el jabón

sabonete

el gel de ducha

gel de banho

el champú

champô

la toallita

toalha de rosto

el desagüe

escoamento

la crema

creme

el desodorante

desodorizante

el espejo

espelho

el espejo de tocador

espelho de mão

la maquinilla de afeitar

máquina de barbear

la espuma de afeitar

creme de barbear

la loción postafeitado

loção pós-barba

el peine

pente

el cepillo

escova

el secador

secador de cabelo

la laca

spray de cabelo

el maquillaje

maquilhagem

el pintalabios

batom

el pintauñas

verniz de unhas

el algodón

algodão

el cortauñas

tesoura para unhas

el perfume

perfume

el estuche de viaje
nécessaire

la banqueta
tamborete

la balanza
balança

el albornoz
roupão de banho

los guantes de goma
luvas de borracha

el tampón
tampão

la compresa
penso higiénico

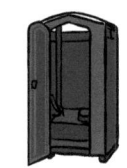

el inodoro químico
WC químico

la habitación de los niños

quarto de criança

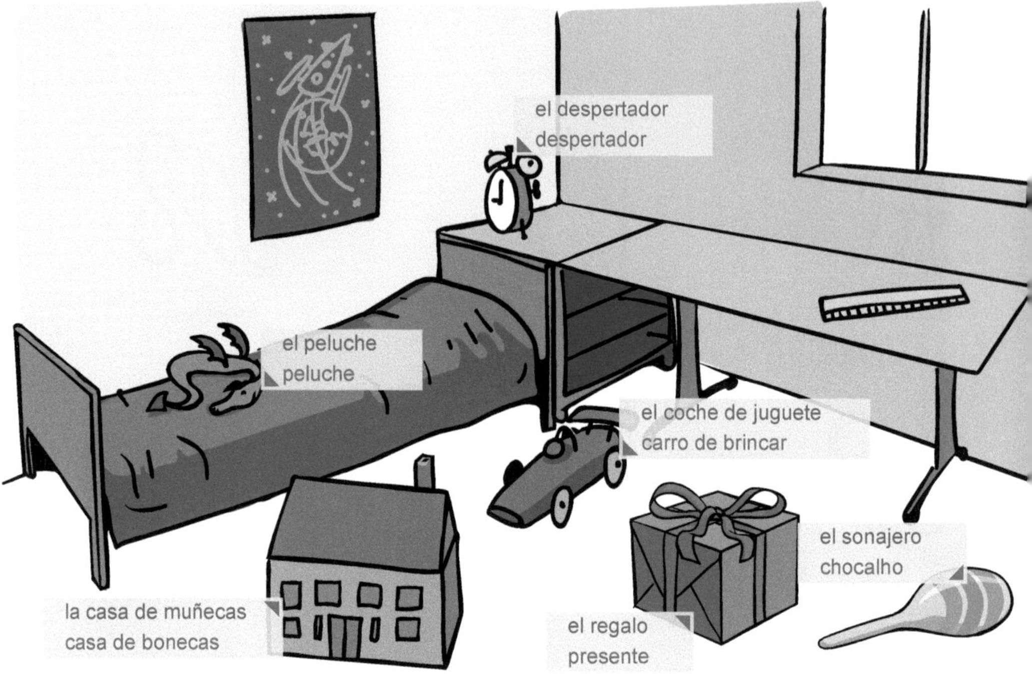
el despertador
despertador
el peluche
peluche
el coche de juguete
carro de brincar
el sonajero
chocalho
la casa de muñecas
casa de bonecas
el regalo
presente

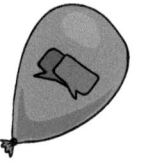

el globo

balão

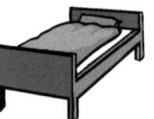

la cama

cama

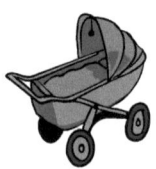

el coche de niño

carrinho de bebé

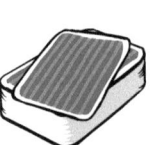

los naipes

jogo de cartas

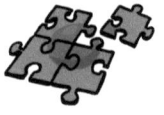

el puzle

quebra-cabeças

SUPER MEGA

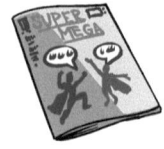

el tebeo

banda desenhada

las piezas de lego

peças de Lego

los bloques de juguete

blocos de construção

la figura de acción

figura de ação

el bodi (de bebé)

fato de bebé

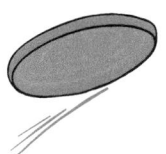

el frisbee

Frisbee

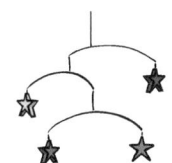

el colgador móvil para bebés

móbile para bebé

el juego de mesa

jogo de tabuleiro

los dados

dados

el circuito de tren eléctrico

pista de comboio elétrico

el maniquí

chupeta

la fiesta

festa

el álbum de fotos

livro ilustrado

la pelota

bola

la muñeca

boneca

jugar

jogar

el cajón de arena

caixa de areia

el columpio

baloiço

los juguetes

brinquedos

la videoconsola

consola de jogos

el triciclo

triciclo

el oso de peluche

ursinho de peluche

la guardarropa

guarda-roupa

la ropa

vestuário

los calcetines

meias

las medias

meias pelo joelho

los leotardos

meias-calças

la bufanda
cachecol

el paraguas
guarda-chuva

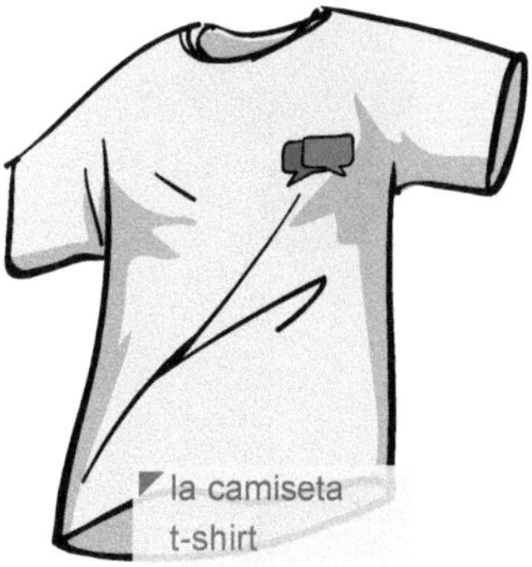

la camiseta
t-shirt

el cinturón
cinto

las botas
botas

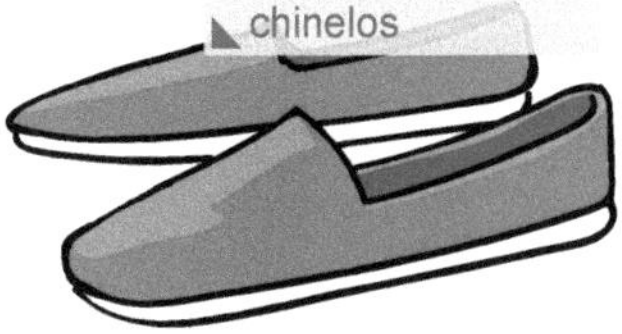

las zapatillas
chinelos

las deportivas
sapatilhas

las sandalias
sandálias

los zapatos
sapatos

las botas de goma
botas de borracha

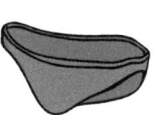
el slip
cuecas

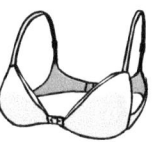
el sostén
sutiã

el chaleco
camisola interior

el bodi

body

los pantalones cortos

calças

los vaqueros

calças de ganga

la falda

saia

la blusa

blusa

la camisa

camisa

el jersey

pulôver

el suéter

camisola com capuz

el blazer

blazer

la chaqueta

casaco

el abrigo

manto

la gabardina

gabardina

el traje

traje

el vestido

vestido

el vestido de novia

vestido de casamento

el traje

fato

el camisón

camisa de dormir

el pijama

pijama

el sati

sari

el bandana

lenço de cabeça

el turbante

turbante

la burka

burca

el caftán

cafetã

la abaya

abaya

el traje de baño

fato de banho

el bañador

calções de banho

los pantalones cortos

calções

el chándal

fato de treino

el delantal

avental

los guantes

luvas

el botón

botão

las gafas

óculos

el brazalete

pulseira

el collar

colar

el anillo

anel

el pendiente

brinco

la gorra

boné

la percha

cabide

el sombrero

chapéu

la corbata

gravata

la cremallera

fecho de correr

el casco

capacete

los tirantes

suspensórios

el uniforme

uniforme escolar

el uniforme

uniforme

el babero
babete

el maniquí
chupeta

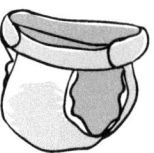

el pañal
fralda

la oficina
escritório

el servidor
servidor

el archivo
armário de arquivo

la impresora
impressora

el papel
papel

el monitor
ecrã

el escritoria
secretária

el ratón
rato

la carpeta
pasta

el teclado
teclado

la papelera
cesto de lixo

el ordenador
computador

la silla
cadeira

la taza de café
caneca de café

la calculadora
calculadora

el internet
internet

el portátil

computador portátil

la carta

carta

el mensaje

mensagem

el móvil

telemóvel

la red

rede

la fotocopiadora

fotocopiadora

el software

software

el teléfono

telefone

la toma de corriente

tomada elétrica

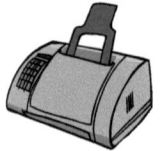

el fax

fax

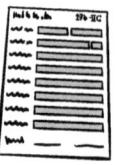

el formulario

formulário

el documento

documento

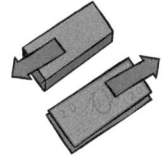

comprar

comprar

pagar

pagar

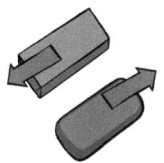

comerciar

negociar

el dinero

dinheiro

el dólar

dólar

el euro

euro

el yen

yen

el rublo

rublo

el franco suizo

franco suíço

el renminbi yuan

renminbi yuan

la rupia

rupia

el cajero automático

caixa de multibanco

la oficina de cambio de divisas
....
casa de câmbio

el oro
....
ouro

la plata
....
prata

el petróleo
....
petróleo

la energía
....
energia

el precio
....
preço

el contrato
....
contrato

el impuesto
....
imposto

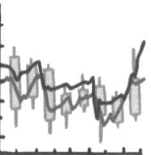

la acción
....
ação

trabajar
....
trabalhar

el empleador
....
empregado

el empleador
....
entidade patronal

la fábrica
....
fábrica

la tienda de campaña
....
loja

los oficios
profissões

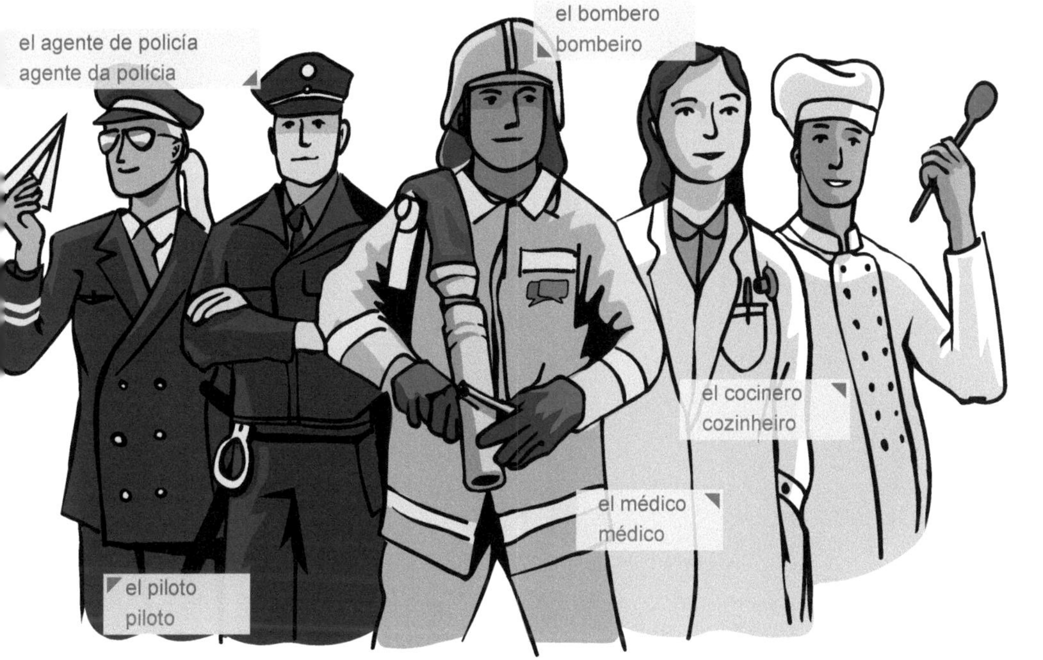
el bombero
bombeiro
el agente de policía
agente da polícia
el cocinero
cozinheiro
el médico
médico
el piloto
piloto

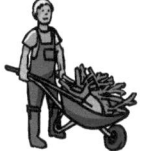

el jardinero

jardineiro

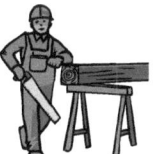

el carpintero

carpinteiro

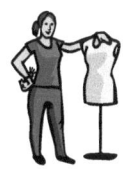

la costurera

costureira

el juez

juiz

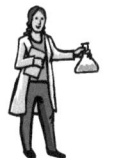

el farmacéutico

químico

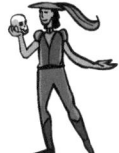

el actor

ator

el conductor de autobús

motorista de autocarro

el taxista

motorista de táxi

el pescador

pescador

la señora de la limpieza

empregada de limpeza

el techador

telhador

el camarero

empregado de mesa

el cazador

caçador

el pintor

pintor

el panadero

padeiro

el electricista

eletricista

el obrero

construtor

el ingeniero

engenheiro

el carnicero

talhante

el fontanero

canalizador

el cartero

carteiro

el soldado

soldado

el arquitecto

arquiteto

el cajero

caixa

el florista

florista

el peluquero

cabeleireiro

el revisor

controlador de bilhetes

el mecánico

mecânico

el capitán

capitão

el dentista

dentista

el científico

cientista

el rabino

rabino

el imán

imã

el monje

monje

el sacerdote

pastor

las herramientas
ferramentas

el martillo
martelo
los alicates
alicate
el destornillador
chave de fendas
la llave
chave inglesa
la linterna
lanterna
15

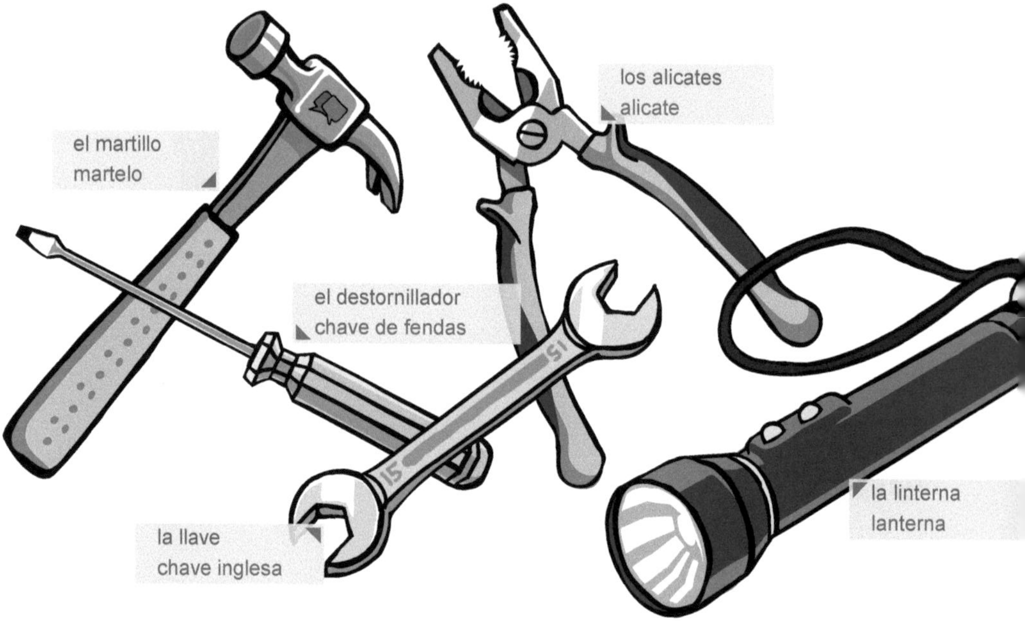

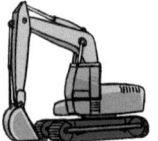

la excavadora

escavadora

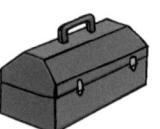

la caja de herramientas

caixa de ferramentas

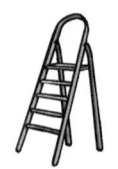

la escalera de mano

escadote

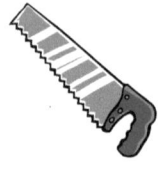

la sierra

serra

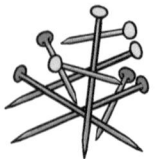

los clavos

pregos

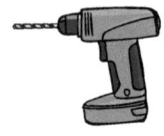

el taladro

broca

reparar
reparar

la pala
pá

¡Maldita sea!
porcaria!

el recogedor
pá de lixo

el bote de pintura
pote de tinta

los tornillos
parafusos

los instrumentos musicales
instrumentos musicais

el altavoz
altifalante

la batería
bateria

la guitarra
guitarra

el contrabajo
contrabaixo

la trompeta
trompete

el piano
piano

el violín
violino

bajo
baixo

los timbales
timbales

el tambor
tambor

el teclado
teclado

el saxofón
saxofone

la flauta
flauta

el micrófono
microfone

el zoo
jardim zoológico

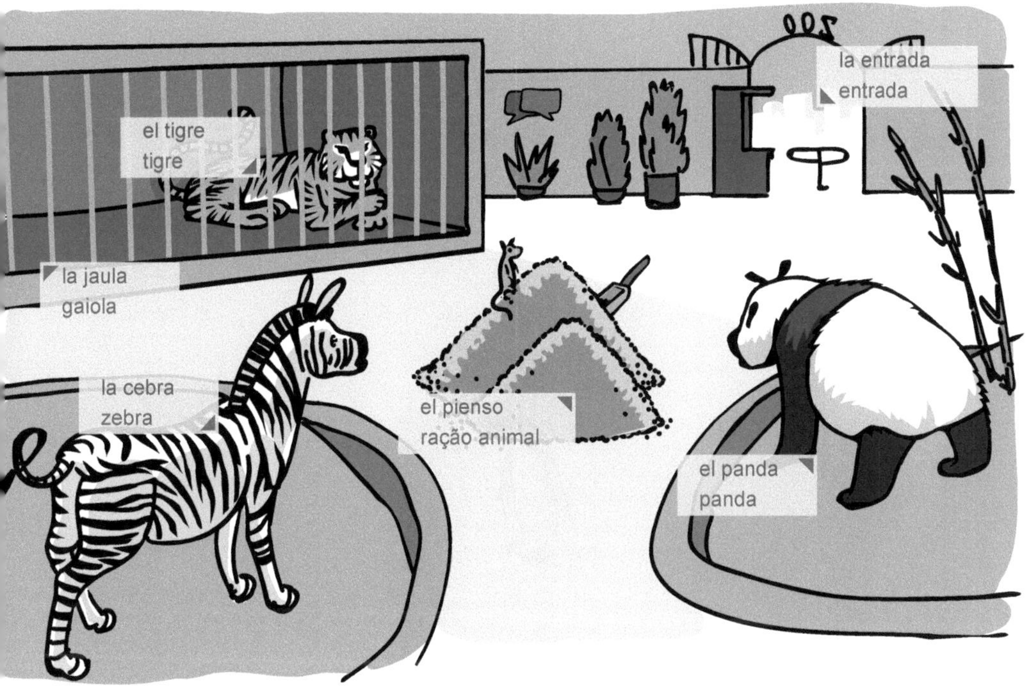
la entrada
entrada
el tigre
tigre
la jaula
gaiola
la cebra
zebra
el pienso
ração animal
el panda
panda

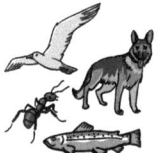

los animales

animais

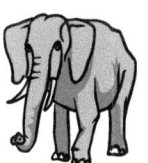

el elefante

elefante

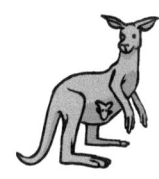

el canguro

canguru

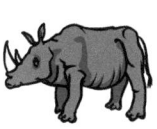

el rinoceronte

rinoceronte

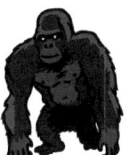

el gorila

gorila

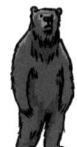

el oso

urso

el camello

camelo

el avestruz

avestruz

el león

leão

el mono

macaco

el flamingo

flamingo

el loro

papagaio

el oso polar

urso polar

el pingüino

pinguim

el tiburón

tubarão

el pavo real

pavão

la serpiente

cobra

el cocodrilo

crocodilo

el guardián de zoológico

guarda do jardim zoológico

la foca

foca

el jaguar

jaguar

el poni

pónei

el leopardo

leopardo

el hipopótamo

hipopótamo

la jirafa

girafa

el águila

águia

el jabalí

javali

el pescado

peixe

la tortuga

tartaruga

la morsa

morsa

el zorro

raposa

la gacela

gazela

el zoo - jardim zoológico

el fútbol americano
futebol americano

el ciclismo
ciclismo

el tenis
ténis

el baloncesto
basquetebol

la natación
natação

el boxeo
boxe

el hockey sobre hielo
hóquei no gelo

el fútbol
futebol

el bádminton
badminton

el atletismo
atletismo

el balonmano
andebol

el esquí
esqui

el polo
polo

las actividades
atividades

reír
rir
saltar
saltar
abrazar
abraçar
caminar
andar
cantar
cantar
soñar
sonhar
rezar
rezar
besar
beijar

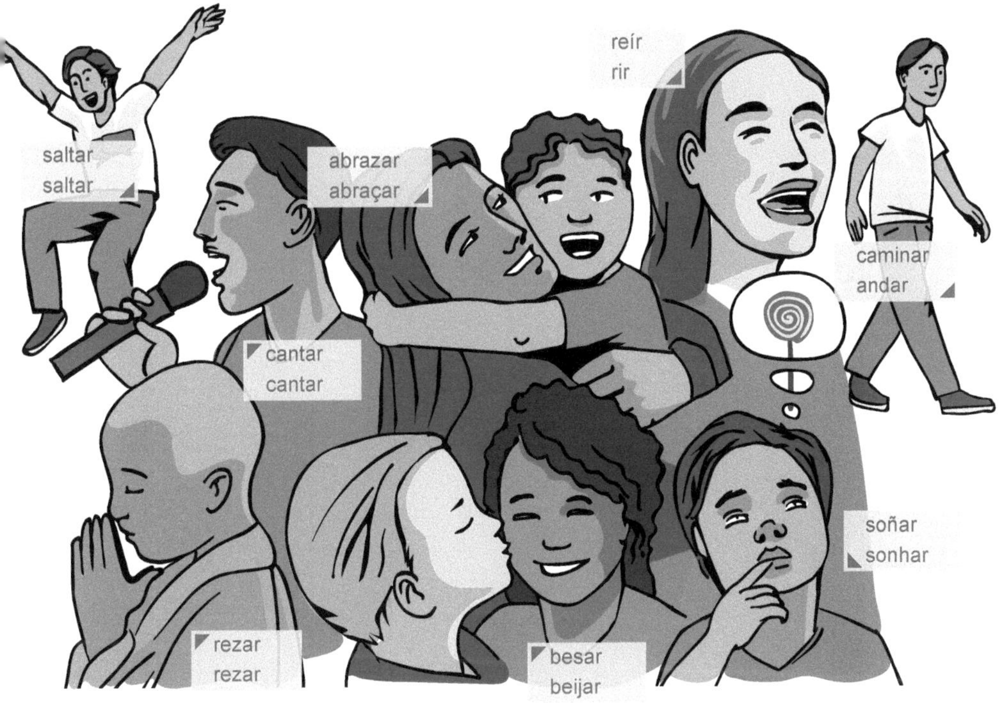

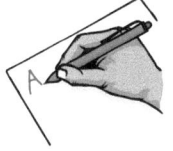

escribir

escrever

dibujar

desenhar

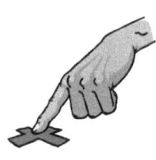

mostrar

mostrar

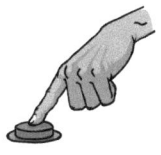

empujar

empurrar

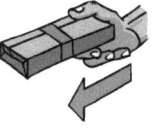

dar

dar

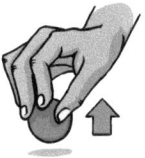

tomar

tomar

tener
ter

hacer
fazer

ser
ser

estar de pie
ficar de pé

correr
correr

tirar
puxar

tirar
remessar

caer
cair

yacer
deitar

esperar
esperar

llevar
carregar

estar sentado
sentar

vestirse
vestir

dormir
dormir

despertar
acordar

mirar
olhar para

llorar
chorar

acariciar
acariciar

peinar
pentear

hablar
falar

entender
compreender

preguntar
perguntar

escuchar
ouvir

beber
beber

comer
comer

ordenar
arrumar

amar
amar

cocinar
cozinhar

conducir
conduzir

volar
voar

navegar

velejar

calcular

calcular

leer

ler

aprender

aprender

trabajar

trabalhar

casarse

casar

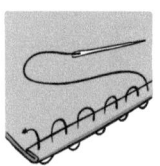

coser

costurar

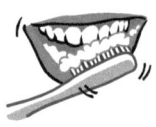

cepillarse los dientes

escovar os dentes

matar

matar

fumar

fumar

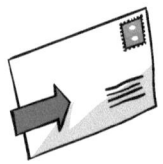

enviar

enviar

la familia
família

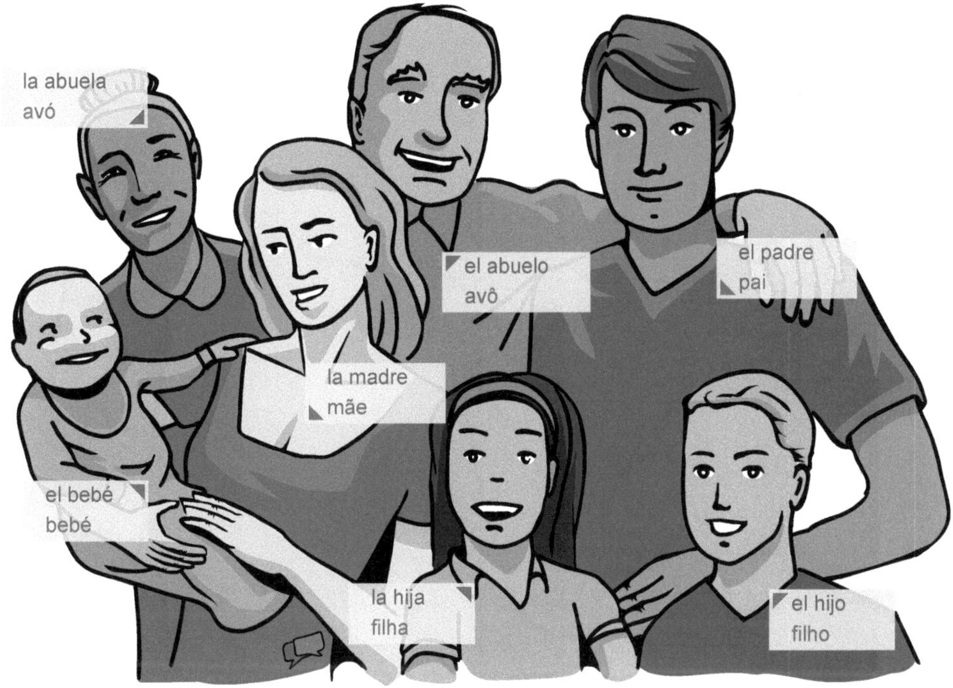

la abuela
avó
el abuelo
avô
el padre
pai
la madre
mãe
el bebé
bebé
la hija
filha
el hijo
filho

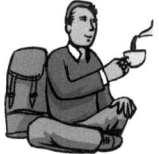

el invitado

convidado

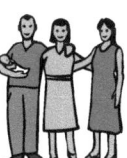

la tía

tia

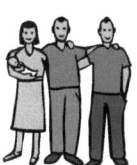

el tío

tio

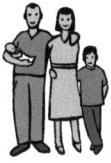

el hermano

irmão

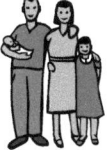

la hermana

irmã

el cuerpo
corpo

la frente
testa
el ojo
olho
el hombro
ombro
el dedo
dedo
la cara
cara
la barbilla
queixo
la mano
mão
la pierna
perna
el pecho
peito
el brazo
braço

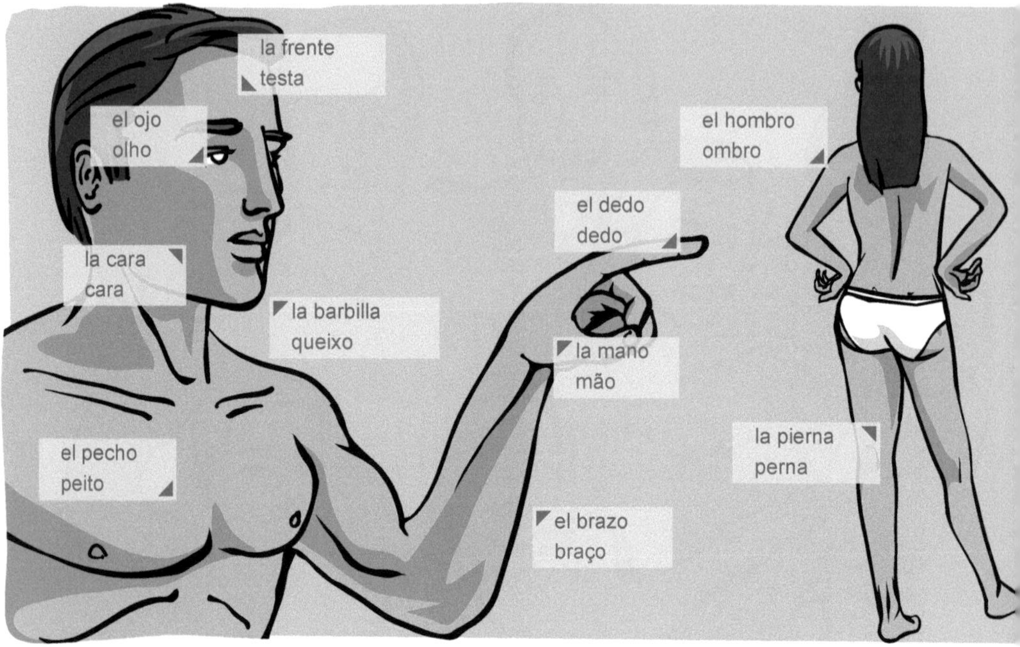

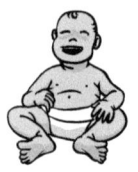

el bebé
bebé

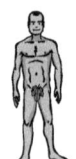

el hombre
homem

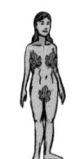

la mujer
mulher

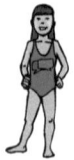

la chica
menina

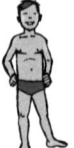

el chico
menino

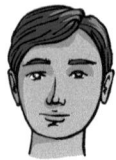

la cabeza
cabeça

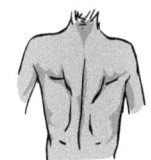

la espalda

costas

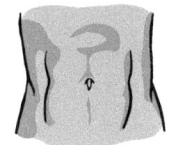

el vientre

barriga

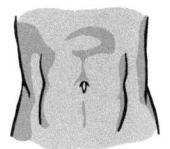

el ombligo

umbigo

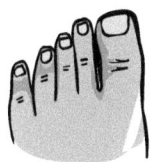

el dedo del pie

dedo do pé

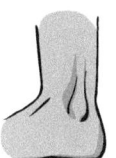

el talón

calcanhar

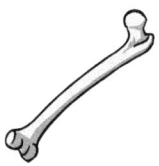

el hueso

osso

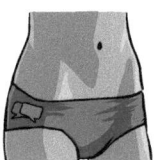

la cadera

anca

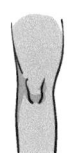

la rodilla

joelho

el codo

cotovelo

la nariz

nariz

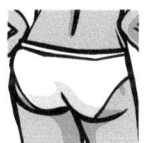

el trasero

nádegas

la piel

pele

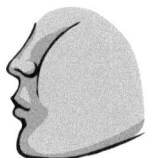

la mejilla

bochecha

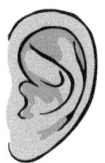

el oído

orelha

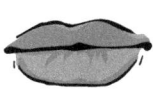

el labio

lábio

la boca

boca

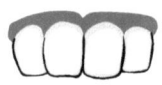

el diente

dente

la lengua

língua

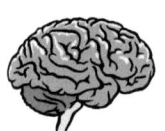

el cerebro

cérebro

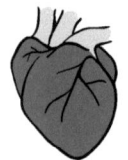

el corazón

coração

el músculo

músculo

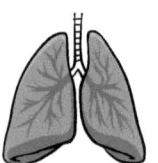

el pulmón

pulmão

el hígado

fígado

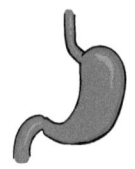

el estómago

estômago

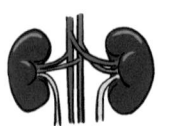

los riñones

rins

el sexo

relações sexuais

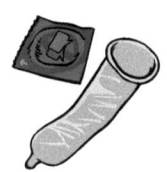

el condón

preservativo

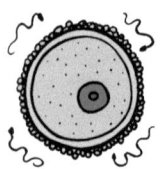

el ovario

óvulo

el semen

esperma

el embarazo

gravidez

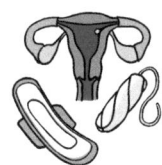

la menstruación
menstruação

la vagina
vagina

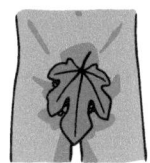

el pene
pénis

la ceja
sobrancelha

el pelo
cabelo

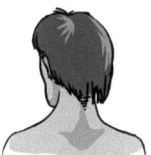

el cuello
pescoço

el hospital
hospital

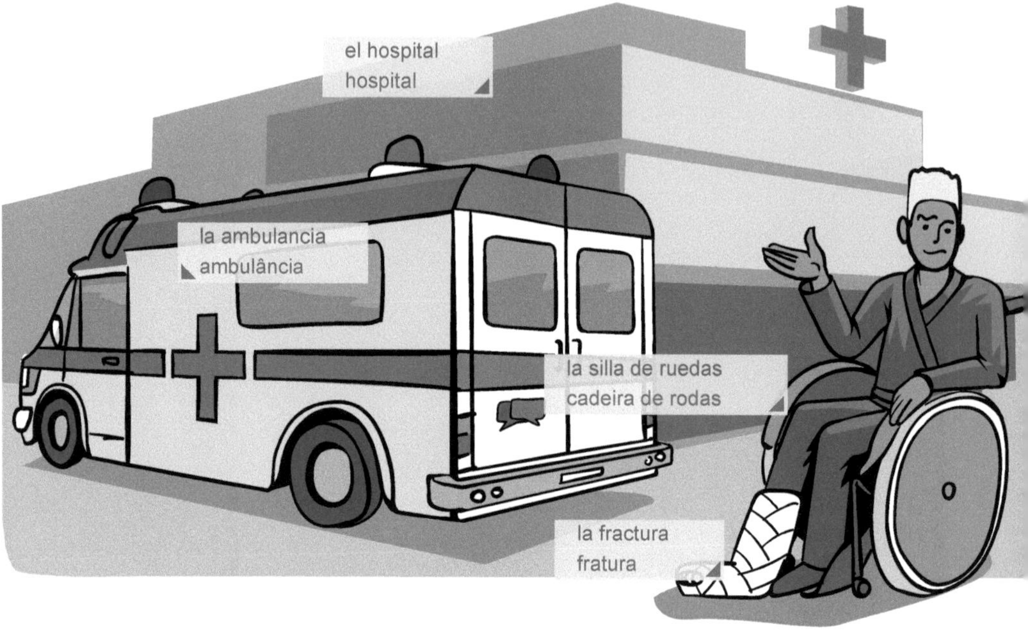

el hospital
hospital
la ambulancia
ambulância
la silla de ruedas
cadeira de rodas
la fractura
fratura

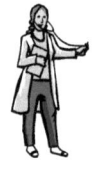

el médico
médico

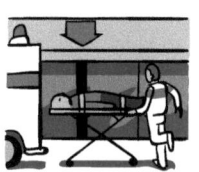

la sala de urgencias
serviço de urgências

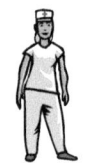

la enfermera
enfermeira

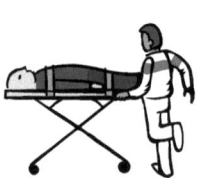

la urgencia
emergência

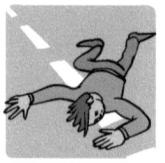

inconsciente
inconsciente

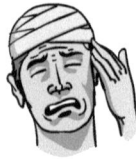

el dolor
dor

la lesión
ferimento

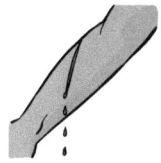

la hemorragia
hemorragia

el infarto
ataque cardíaco

el ictus
acidente vascular cerebral

la alergia
alergia

la tos
tosse

la fiebre
febre

la gripe
gripe

la diarrea
diarreia

el dolor de cabeza
dor de cabeça

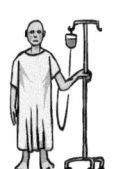

el cáncer
cancro

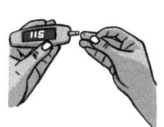

la diabetes
diabetes

el cirujano
cirurgião

el bisturí
bisturi

la operación
operação

TAC
CT

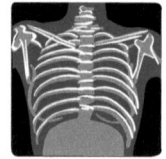

los rayos x
raio x

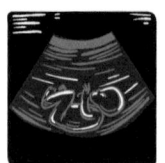

el ultrasonido
ultrassom

la mascarilla
máscara

la enfermedad
doença

la sala de espera
sala de espera

la muleta
muleta

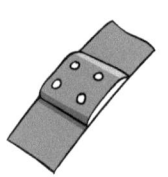

la tirita
penso rápido

la venda
ligadura

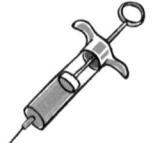

la inyección
injeção

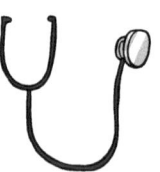

el estetoscopio
estetoscópio

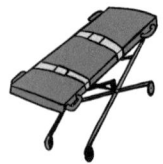

la camilla
maca

el termómetro
termómetro

el nacimiento
nascimento

el sobrepeso
excesso de peso

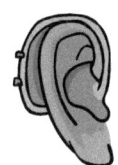

el audífono
aparelho auditivo

el desinfectante
desinfetante

la infección
infeção

el virus
vírus

VIH / SIDA
HIV / SIDA

la medicina
medicamento

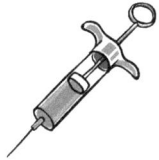

la vacunación
vacinação

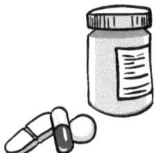

las tabletas
comprimidos

la pastilla
pílula

la llamada de urgencia
chamada de emergência

el tensiómetro
dispositivo de medição de
pressão arterial

enfermo / sano
doente / saudável

¡Socorro!

Socorro!

la alarma

alarme

el asalto

assalto

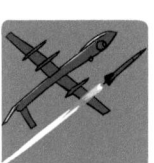

el ataque

ataque

el peligro

perigo

la salida de emergencia

saída de emergência

¡Fuego!

Fogo!

el extintor de incendios

extintor de incêndios

el accidente

acidente

el botiquín de primeros
auxilios

estojo de primeiros socorros

SOS

SOS

la policía

polícia

Europa

Europa

Norteamérica

América do Norte

Sudamérica

América do Sul

África

África

Asia

Ásia

Australia

Austrália

el atlántico

Atlântico

el Pacífico

Pacífico

el Océano Índico

Oceano Índico

el Océano Antártico

Oceano Antártico

el Océano Ártico

Oceano Ártico

el polo norte

Polo Norte

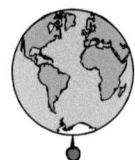

el polo sur

Polo Sul

La Antártida

Antártica

la tierra

terra

la tierra

país

el mar

mar

la isla

ilha

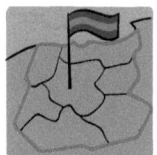

la nación

nação

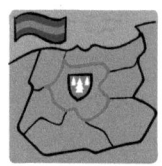

el estado

estado

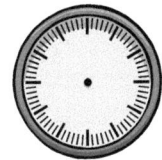

la esfera

mostrador do relógio

la manecilla de las horas

ponteiro das horas

el minutero

ponteiro dos minutos

el segundero

ponteiro dos segundos

¿Qué hora es?

Que horas são?

el día

dia

el tiempo

tempo

ahora

agora

el reloj digital

relógio digital

el minuto

minuto

la hora

hora

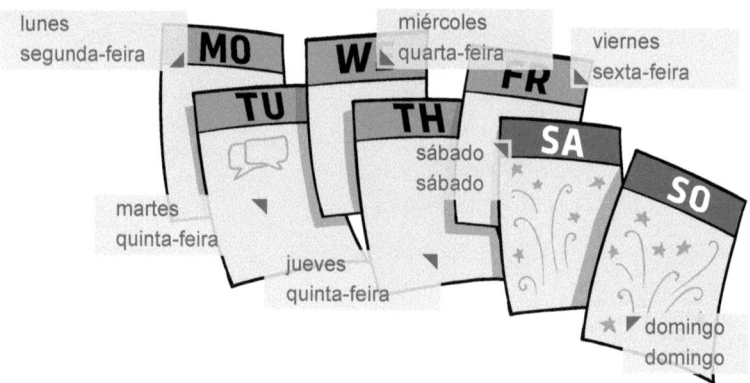

lunes
segunda-feira

miércoles
quarta-feira

viernes
sexta-feira

martes
quinta-feira

sábado
sábado

jueves
quinta-feira

domingo
domingo

ayer

ontem

hoy

hoje

mañana

amanhã

la mañana

manhã

el mediodía

meio-dia

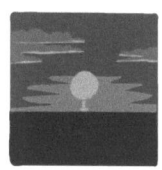

la tarde

entardecer

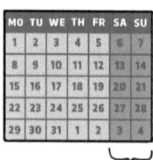

los días laborables

dias úteis

el fin de semana

fim de semana

el año
ano

la lluvia
chuva
el arcoíris
arco-íris
la nieve
neve
el viento
vento
la primavera
primavera
el otoño
outono
el verano
verão
el invierno
inverno

4.APRIL 11°
5.APRIL 4°
6.APRIL 13°
7.APRIL 8°
8.APRIL 10°

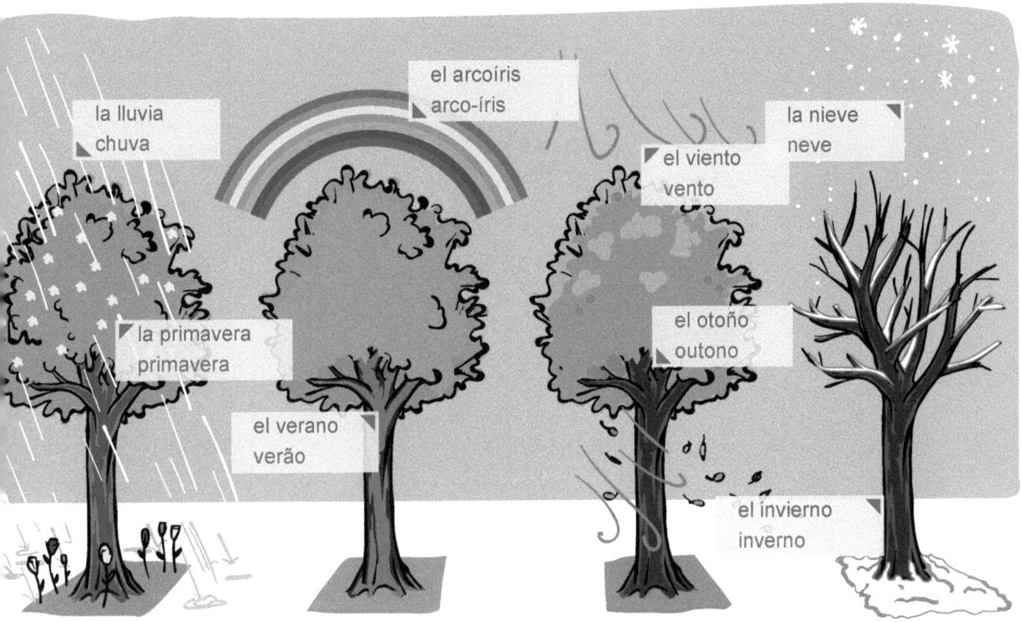

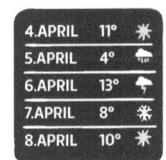

el pronóstico del tiempo
....
previsão do tempo

F C
120 40
90 30
60 20
30 10
0 0
-30 -10
-20

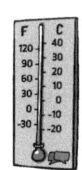

el termómetro
....
termómetro

el sol
....
raios de sol

la nube
....
nuvem

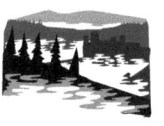

la niebla
....
neblina / nevoeiro

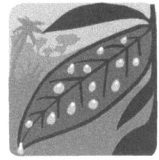

la humedad
....
humidade do ar

el rayo

relâmpago

el trueno

trovão

la tormenta

tempestade

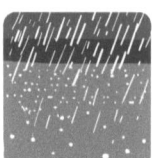

el granizo

granizo

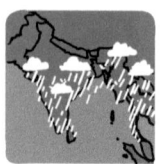

el monzón

monção

la inundación

inundação

el hielo

gelo

enero

janeiro

febrero

fevereiro

marzo

março

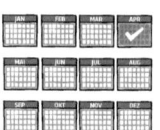

abril

abril

mayo

maio

junio

junho

julio

julho

agosto

agosto

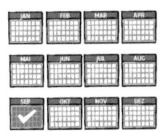

septiembre

setembro

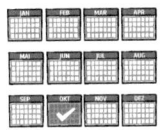

octubre

outubro

noviembre

novembro

diciembre

dezembro

el círculo

círculo

el cuadrado

quadrado

el rectángulo

retângulo

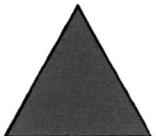

el triángulo

triângulo

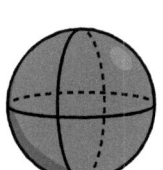

la esfera

esfera

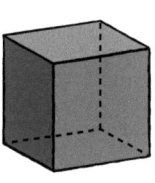

el cubo

cubo

blanco

branco

amarillo

amarelo

anaranjado

laranja

rosa

rosa

rojo

vermelho

morado

lilás

azul

azul

verde

verde

marrón

castanho

gris

cinzento

negro

preto

mucho / poco

muito / pouco

enojado / tranquilo

furioso / calmo

bonito / feo

lindo / feio

principio / fin

princípio / fim

grande / pequeño

grande / pequeno

claro / oscuro

claro / escuro

el hermano / la hermana

irmão / irmã

limpio / sucio

limpo / sujo

completo / incompleto

completo / incompleto

el día / la noche

dia / noite

muerto / vivo

morto / vivo

ancho / estrecho

largo / estreito

comestible / no comestible

comestível / não comestível

malo / amable

mau / gentil

entusiasmado / aburrido

entusiasmado / entediado

gordo / delgado

gordo / magro

primero / último

primeiro / último

el amigo / el enemigo

amigo / inimigo

lleno / vacío

cheio / vazio

duro / blando

duro / macio

pesado / ligero

pesado / leve

el hambre / la sed

fome / sede

enfermo / sano

doente / saudável

ilegal / legal

ilegal / legal

inteligente / tonto

inteligente / burro

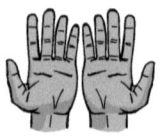

izquierda / derecha

esquerda / direita

cerca / lejos

perto / longe

nuevo / usado
novo / usado

nada / algo
nada / algo

viejo / joven
velho / jovem

encendido / apagado
ligado / desligado

abierto / cerrado
aberto / fechado

silencioso / ruidoso
baixo / alto

rico / pobre
rico / pobre

correcto / incorrecto
certo / errado

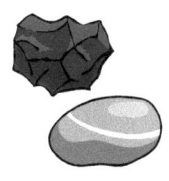

áspero / suave
áspero / liso

triste / contento
triste / feliz

corto / largo
curto / longo

lento / rápido
lento / rápido

húmedo / seco
molhado / seco

cálido / frío
ameno / fresco

guerra / paz
guerra / paz

números

0

cero

zero

1

uno

um

2

dos

dois

3

tres

três

4

cuatro

quatro

5

cinco

cinco

6

seis

seis

7

siete

sete

8

ocho

oito

9

nueve

nove

10

diez

dez

11

once

onze

12

doce
doze

13

trece
treze

14

catorce
catorze

15

quince
quinze

16

dieciséis
dezasseis

17

diecisiete
dezassete

18

dieciocho
dezoito

19

diecinueve
dezanove

20

veinte
vinte

100

cien
cem

1.000

mil
mil

1.000.000

el millón
milhão

idiomas

el inglés
....
inglês

el inglés americano
....
inglês americano

el chino madarín
....
chinês mandarim

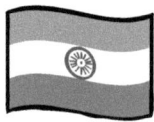

el hindi
....
hindi

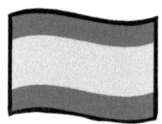

el español
....
espanhol

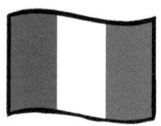

el francés
....
francês

el árabe
....
árabe

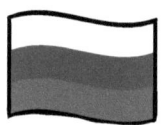

el ruso
....
russo

el portugués
....
português

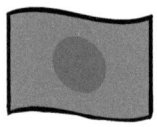

el bengalí
....
bengalês

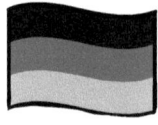

el alemán
....
alemão

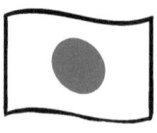

el japonés
....
japonês

yo

eu

tú

tu

él / ella / ello

ele / ela

nosotros/as

nós

vosotros/as

vós

ellos/as

eles / elas

¿quién?

quem?

¿qué?

o quê?

¿cómo?

como?

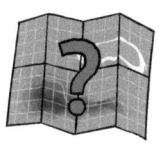

¿dónde?

onde?

¿cuándo?

quando?

el nombre

nome

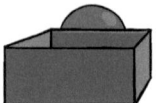

detrás

atrás

en

em

delante de

à frente de

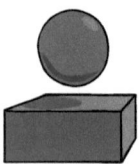

por encima de

sobre

sobre

em cima

debajo de

debaixo

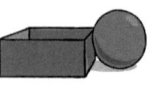

junto a

ao lado

entre

entre

el lugar

lugar